Fachbegriffe für Medizinische Fachangestellte

Medizinische Terminologie der Lernfelder

übersetzt von
Dr. med. Winfried Stollmaier,
Ludwigsburg
in Zusammenarbeit mit
Dr. med. Christa Feuchte, Flein

7., aktualisierte Auflage

Handwerk und Technik – Hamburg

Registrieren Sie sich auf
www.ht-digital.de und
geben Sie dort den Code
zur Freischaltung ein:

VHT-DWMP-J388-RHL9

ISBN 978-3-582-28087-9 Best.-Nr. 5840

Verlag Handwerk und Technik GmbH,
Lademannbogen 135, 22339 Hamburg; Postfach 63 05 00, 22331 Hamburg – 2024
E-Mail: info@handwerk-technik.de – Internet: www.handwerk-technik.de

Satz und Layout: Schlierf – Type & Design, 29331 Lachendorf
Umschlagmotiv: Ground Picture/shutterstock.com
Illustrationen: Krausen, Scott, Mönchengladbach (Seite 15); Grafische Produktionen Neumann, 97222 Rimpar (alle anderen Illustrationen)
Druck: Media-Print Informationstechnologie GmbH, 33100 Paderborn

Vorwort

Um Ihnen während Ihrer Ausbildung zur MFA das Lernen der medizinischen Fachbegriffe zu erleichtern, haben wir dieses Büchlein verfasst.

Das vorliegende Verzeichnis enthält ca. 500 wichtige Fachbegriffe. Dabei verbinden wir den Lernfeldgedanken mit einem sachlogischen Aufbau: in der Regel haben wir die Fachbegriffe nach Organsystemen geordnet (z. B. Blut- und Lymphsystem, Atmungssystem oder Nervensystem). Die meisten Kapitel beginnen mit einer anschaulichen Abbildung des Organsystems. Jedes Kapitel ist dann in die drei Abschnitte „Grundbegriffe, Anatomie", „Diagnostik, Therapie" und „Pathologie" unterteilt. Hier werden Begriffe zusammen genannt, die von ihrer Bedeutung her in der Lernsituation der Praxis zusammengehören (z. B. Systole – Diastole oder Hypertonie – Hypotonie). Das vereinfacht die Arbeit beim Lernen.

So können Sie sich während Ihrer Ausbildung zur MFA je nach Fachrichtung Ihrer Ausbildungspraxis die für Sie wichtigsten Fachbegriffe schnell aneignen. Vor Klassenarbeiten können Sie mit diesem Verzeichnis die Begriffe kurz wiederholen. Auch bei Ihrer Prüfungsvorbereitung im 3. Jahr können Sie mit diesem nützlichen Verzeichnis bestehende Wissenslücken bei den Fachbegriffen gezielt schließen.

Für Hinweise, Verbesserungsvorschläge und Anregungen sind wir Ihnen dankbar.

Beim Lernen der medizinischen Fachbegriffe und für Ihre Abschlussprüfung wünschen wir Ihnen viel Erfolg.

Ludwigsburg

Dr. med. Winfried Stollmaier
Dr. med. Christa Feuchte

Inhaltsverzeichnis

Allgemeines

Ärztliche Fachgebiete

Innere Medizin	Lehre von den inneren Erkrankungen
Internist	Facharzt für Innere Medizin
Kardiologie	Lehre von den Herz-Kreislauf-Erkrankungen
Gastroenterologie	Lehre von den Erkrankungen des Magen-Darm-Trakts
Hämatologie	Lehre von den Blutzellen und Blutkrankheiten
Pneumologie	Lehre von den Lungen- und Atemwegserkrankungen (auch: Pulmonologie)
Chirurgie	Lehre von der operativen Behandlung von Krankheiten
Anästhesiologie	Lehre von den Betäubungsverfahren (= Anästhesie)
Gynäkologie	Frauenheilkunde
Pädiatrie	Kinderheilkunde
Dermatologie	Lehre von den Hautkrankheiten
Orthopädie	Lehre von den Erkrankungen des Bewegungsapparates
Ophthalmologie	Augenheilkunde
Urologie	Lehre von den Nieren- und Harnwegserkrankungen
Pathologie	Krankheitslehre (der Ursachen, Krankheitsveränderungen, Symptome)
Radiologie	Lehre der Anwendung von Strahlen in Diagnostik und Therapie
Nuklearmedizin	Lehre der Anwendung von radioaktiven Teilchen in Diagnostik und Therapie

Neurologie	Lehre von den Nerven und Nervenkrankheiten
Psychiatrie	Lehre von den seelischen (= psychischen) Erkrankungen
Geriatrie	Lehre von den körperlichen und seelischen Erkrankungen im fortgeschrittenen Lebensalter

Andere Fachgebiete

Psychologie	Lehre vom inneren Erleben (Psyche = Seele) und Verhalten des Menschen sowie von seinem Umgang mit anderen Menschen; keine ärztliche Gebietsbezeichnung!
Homöopathie	Heilverfahren mit stark verdünnten (= potenzierten) Arzneistoffen, begründet von S. Hahnemann, 1755-1843
Akupunktur	Heilbehandlung durch Einstechen von Nadeln an bestimmten Körperpunkten
Anatomie	Lehre vom Aufbau des Körpers
Physiologie	Lehre von den normalen Lebensvorgängen
Histologie	Lehre von den Geweben des Körpers
Zytologie	Lehre von der Zelle
Hygiene	Gesundheitsfürsorge

Medizinische Grundbegriffe

Anamnese	Vorgeschichte des Patienten, Krankengeschichte
Symptom	Krankheitszeichen
Syndrom	Muster von Symptomen, mit gemeinsamer Ursache (z. B. beim Down-Syndrom das überzählige Chromosom 21)
Diagnose	Krankheitserkennung und Krankheitsbezeichnung

Differenzialdiagnose	(DD) die Berücksichtigung jeder Diagnose bei der Erkennung von Krankheiten (z. B. Thoraxschmerz → Herzinfarkt, Lungenembolie, BWS-Syndrom u. a.)
Therapie	Heilmaßnahmen, Krankheitsbehandlung
• stationär	ärztliche Behandlung im Krankenhaus
• ambulant	Behandlung ohne Aufnahme in ein Krankenhaus
• kurativ	heilend
• palliativ	krankheitsmildernd, aber ohne zu heilen
• kausal	auf die Krankheitsursachen gerichtet
• symptomatisch	auf die Symptome gerichtet (Gegensatz: kausal)
Prognose	voraussichtlicher Krankheitsverlauf
Prophylaxe	(auch: Prävention) Kankheitsvorbeugung
Rekonvaleszenz	Erholungsphase nach überstandener Krankheit
Rehabilitation	Wiedereingliederung in das berufliche und gesellschaftliche Leben
Rezidiv	Rückfall, Wiederaufflackern einer Krankheit
Epidemie	„Massenerkrankung": einheitliche Krankheitsursache, zeitlich und örtlich begrenzt
Pandemie	weltweiter Ausbruch einer Infektionskrankheit mit hohen Erkrankungszahlen, örtlich nicht begrenzt

Untersuchungsmethoden

Inspektion	Betrachtung
Auskultation	Abhören
• Stethoskop	Untersuchungsinstrument zum Abhören von Herz-, Lungen- und Bauchgeräuschen
Palpation	Abtastung
Perkussion	Abklopfen, zur Beurteilung des Klopfschalls z. B. der Lunge oder des Bauches

Apparative Diagnostik

Computertomographie	(= CT) Verfahren, bei dem mit Röntgenstrahlen Schichtaufnahmen des Körpers hergestellt werden
Kernspintomographie	(= MRT oder NMR) Verfahren, bei dem mit starken Magnetfeldern Schichtaufnahmen des Körpers hergestellt werden
Sonographie	Untersuchungsverfahren mit Ultraschall; häufige Methoden: 1) B-Scan: auf einem Schwarzweiß-Bildschirm wird das Schnittbild eines Organs dargestellt 2) Doppler: Strömungsgeschwindigkeiten in Blutgefäßen werden hörbar oder sichtbar gemacht
Szintigraphie	Verfahren zur Darstellung von Organen und ihrer Funktion nach Verabreichung von radioaktiven Substanzen (= Isotope)

Richtungsbezeichnungen

lateral	seitlich gelegen, zur Seite hin
medial	in der Mitte gelegen, zur Mitte hin
kranial	zum Kopf hin, nach oben
kaudal	zum unteren Körperende hin, nach unten
proximal	zur Körpermitte hin, körpernah
distal	von der Körpermitte weg, körperfern
ventral	zum Bauch hin, bauchwärts
dorsal	zum Rücken hin, an der Rückenseite
radial	daumenwärts (Radius = Speiche)
ulnar	kleinfingerwärts (Ulna = Elle)

Zell- und Gewebelehre

Mitose	Zellteilung, findet in den Körperzellen statt
Meiose	Reife- oder Reduktionsteilung, findet nur in den Keimzellen statt. Dadurch entstehen Ei- bzw. Samenzellen mit halbem (23) Chromosomensatz.
Chromosomen	Erbkörperchen: stark anfärbbare, fadenförmige Gebilde im Zellkern, Träger der Erbinformation (der Mensch hat 46 Chromosomen)
Gene	Träger der Erbanlagen in den Chromosomen
Desoxyribonukleinsäure	(DNS bzw. DNA) chemischer Stoff, aus dem die Chromosomen bzw. Gene bestehen
Nukleus	Zellkern: enthält die Chromosomen
Zellmembran	Außenwand der Zelle
Zytoplasma	Zellleib
Sekretion	Stoffabsonderung, z.B. von Hormonen durch Drüsenzellen
Resorption	Stoffaufnahme, z.B. von Nährstoffen durch Darmzellen

Allgemeine Krankheitslehre

Pathologie	Krankheitslehre
Biopsie	Gewebeentnahme am lebenden Menschen
Obduktion	Leichenöffnung, auch: Autopsie, Sektion
Exitus	Tod
Degeneration	Verschleiß von Gewebe, z. B. Degeneration von Hirngewebe bei Morbus Alzheimer
Atrophie	Zellverkleinerung, Schrumpfung eines Organs, z. B. Muskelatrophie durch Gipsverband
Hypertrophie	Vergrößerung einer Zelle, eines Organs, z. B. Herzmuskelhypertrophie durch Bluthochdruck
Hypotrophie	Unterernährung, Mangelentwicklung, z. B. beim Säugling
Dysplasie	Fehlbildung, Fehlentwicklung, z. B. angeborene Hüftdysplasie
Infarkt	völliger Verschluss einer Arterie, führt zu O_2-Mangel und das Gewebe im betroffenen Organ stirbt ab
Nekrose	örtlich begrenzter Zell- oder Gewebetod
Ulkus	Geschwür (Mz. Ulzera), d. h., es kommt zum Gewebeverlust bei Haut oder Schleimhaut
Abszess	gut abgrenzbare Eiteransammlung im Gewebe
Empyem	Eiteransammlung in vorgebildeter Körperhöhle, z. B. in einem Gelenk

Tumor	1) Geschwulst, überschießende Wucherung körpereigener Zellen 2) Schwellung, ein Entzündungszeichen
• maligne	bösartig
• benigne	gutartig
Neoplasma	(= NPL) Neubildung von Gewebe, Tumor
Karzinom	(= Ca) bösartiger Tumor, vom Epithel- und Drüsengewebe ausgehend, z. B. Mammakarzinom, Prostatakarzinom
Adenom	gutartiger Tumor, vom Epithel- und Drüsengewebe ausgehend, z. B. Mammaadenom, Prostataadenom
Sarkom	bösartiger Tumor, vom Binde- und Stützgewebe ausgehend, z. B. Fibrosarkom, Liposarkom
-om [Endung]	gutartiger Tumor, vom Binde- und Stützgewebe ausgehend, z. B. Fibrom, Lipom, Myom
Lymphom	Lymphknotentumor gut- oder bösartig
Metastase	Absiedlung eines bösartigen Tumors mit Bildung einer Tochtergeschwulst

Stütz- und Bewegungsapparat

Grundbegriffe, Anatomie

Abdomen	Bauch
Thorax	Brustkorb
Extremitäten	Gliedmaßen, d. h. Arme und Beine
Fontanelle	Knochenlücke am kindlichen Schädel
zerebral	zum Gehirn gehörend
Atlas	erster Halswirbel; der „Träger"
Axis	zweiter Halswirbel; der „Dreher"
Kyphose	Krümmung der Wirbelsäule nach hinten; physiologisch: Brustkyphose
Lordose	Krümmung der Wirbelsäule nach vorne; physiologisch: Hals- und Lendenlordose
Interkostalraum	(= ICR) Zwischenrippenraum
Klavikula	Schlüsselbein
Sternum	Brustbein
Humerus	Oberarmknochen
Ulna	Elle
Radius	Speiche
Femur	Oberschenkelknochen
Tibia	Schienbein
Fibula	Wadenbein
Patella	Kniescheibe
Meniskus	Faserknorpelscheibe eines Gelenks zur Anpassung der Gelenkflächen
Periost	Knochenhaut
Symphyse	Schambeinfuge am Becken

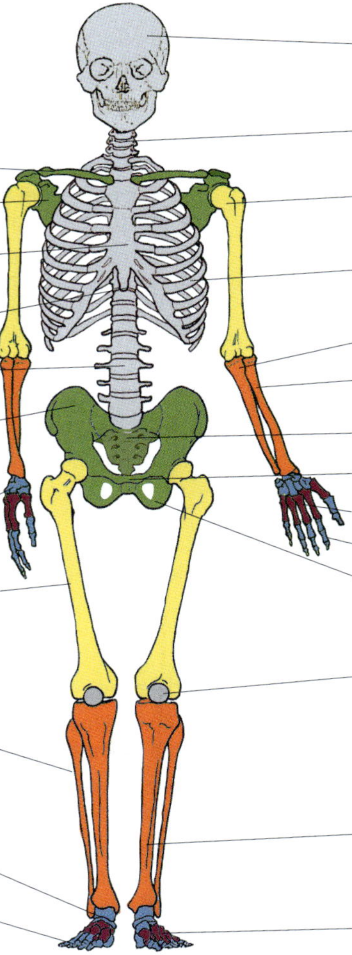

Bild: Skelett – die Knochen der oberen und der unteren Extremität sind ähnlich gebaut (die entsprechenden Knochen haben die gleiche Farbe)

Motorik	willkürliche, aktive Bewegungsvorgänge
Tonus	Spannung, z. B. Muskeltonus
Kontraktion	Zusammenziehen, z. B. eines Muskels
Kontraktur	durch die Verkürzung, z. B. von Muskeln, Sehnen oder Bändern, kommt es zur Zwangsfehlstellung von Gelenken
Bizeps	zweiköpfiger Oberarmmuskel (Beuger)
Trizeps	dreiköpfiger Oberarmmuskel (Strecker)
Agonist	Muskel mit gleichsinniger Wirkung (z. B. alle Oberarmbeugemuskeln)
Antagonist	Muskel mit gegensinniger Wirkung (z. B. Strecker und Beuger)
Gutäalmuskulatur	Gesäßmuskulatur, Ort für i.m.-Injektionen
Deltamuskel	△-förmiger Oberarmmuskel, Ort für i.m.-Injektionen

Diagnostik, Therapie

Arthroskopie	Spiegelung eines Gelenks

Pathologie

Trauma	Verletzung
Kontusion	Prellung, Quetschung, verursacht durch stumpfe Gewalt
Distorsion	Verstauchung: durch Zerrung der Gelenkbänder
Luxation	Verrenkung: durch Verschiebung zweier Knochen im verbindenden Gelenk
Fraktur	Knochenbruch
• Kallus	Bindegewebswucherung vom Periost ausgehend bei der Heilung eines Knochenbruches

Osteomyelitis	Knochenmarksentzündung
Osteoporose	Knochenschwund, Verlust von Knochenmasse
Rachitis	mangelhafte Knochenverkalkung durch Vitamin-D-Mangel in der Kindheit
Prolaps	Vorfall, z. B. Bandscheibenvorfall (Nukleus pulposus Prolaps NPP)
Lumbago	„Hexenschuss“, schmerzhafte Muskelverspannung im Lendenbereich
Arthritis	Gelenkentzündung
Polyarthritis	Entzündung mehrerer Gelenke
Arthrose	Gelenkverschleiß, durch Abnutzung des Gelenkknorpels verursacht
• Koxarthrose	Verschleiß des Hüftgelenks, durch Knorpelabnutzung
• Gonarthrose	Verschleiß des Kniegelenks, durch Knorpelabnutzung
Bursitis	Schleimbeutelentzündung
Tendovaginitis	Sehnenscheidenentzündung
Rheuma	ungenaue Bezeichnung für Beschwerden am Halte- und Bewegungsapparat (Gelenke, Muskeln, Sehnen, Bänder) mit reißenden, ziehenden Schmerzen
Morbus	Krankheit; es folgt dann der Eigenname des Erstbeschreibers (z. B. Morbus Scheuermann → nach Holger W. Scheuermann 1877–1960)
Morbus Scheuermann	Wirbelsäulenerkrankung im Jugendalter mit Rundrücken
Morbus Bechterew	chronisch-entzündliche Erkrankung, die zur Versteifung der Wirbelsäule führt
Skoliose	krankhafte Verkrümmung der Wirbelsäule zur Seite

Blut und Lymphsystem

Grundbegriffe

hämatogen	durch Ausbreitung auf dem Blutweg entstanden
Hämoglobin	roter Blutfarbstoff, bindet den Sauerstoff im Blut
Bilirubin	Gallenfarbstoff, Abbauprodukt des Blutfarbstoffs

Erythrozyten 	rote Blutzellen, transportieren den Sauerstoff
Leukozyten	weiße Blutzellen
• Granulozyten 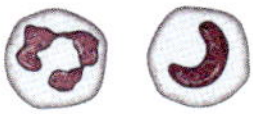 segment-kernige stab-kernige	Untergruppe der weißen Blutzellen, fressen Fremdkörper (z. B. Bakterien) Je nach Anfärbbarkeit werden unterschieden: – neutrophile Granulozyten – eosinophile Granulozyten – basophile Granulozyten Der Kern dieser Blutzellen ist abhängig von ihrem Alter: stabkernig (d. h. jung) oder segmentiert (d. h. älter)
• Lymphozyten 	Untergruppe der weißen Blutzellen: bilden Antikörper (B-Lymphozyten) oder zerstören körperfremde Zellen (T-Lymphozyten) oder sind natürl. Killerzellen (NK)
• Monozyten 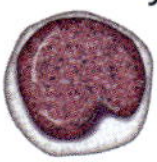	Untergruppe der weißen Blutzellen, fressen Fremdkörper (z.B. Bakterien)
Thrombozyten 	Blutplättchen, notwendig zur Blutstillung

Blutplasma	Blutflüssigkeit, d. h. Blut ohne Blutzellen
Blutserum	Blutplasma ohne Gerinnungsstoffe, d. h. Blut ohne Blutzellen und ohne Fibrinogen → gerinnt nicht
Elektrolyte	Salze: liegen als elektrisch geladene Teilchen (z. B. Natrium, Kalium, Chlorid) gelöst im Blut vor; wichtig für elektrische Vorgänge und für den Wasserhaushalt
Albumine	Gruppe von Bluteiweißen, dienen zum Transport und zur Wasserbindung
Globuline	Gruppe von Bluteiweißen, dienen zum Transport und zur Abwehr (z. B. Immunglobuline)
• Immunglobuline	Antikörper, die von den B-Lymphozyten gebildet werden
Fibrinogen, Prothrombin	Bluteiweiße, die zur Blutgerinnung nötig sind, werden von der Leber gebildet
Rhesusfaktor	Blutgruppenmerkmal
Agglutination	Verklumpung (z. B. von Erythrozyten)
Antigen	körperfremde Substanz (z. B. fremde Blutgruppe, Bakterienwand), die eine Abwehrreaktion des Körpers hervorruft
Antikörper	körpereigene Abwehrstoffe, die das schädigende Antigen unwirksam machen (Immunglobuline: IgA, IgD, IgE, IgG, IgM)
Immunität	Unempfindlichkeit gegenüber bestimmten Krankheitserregern (z. B. nach durchgemachter Krankheit oder aktiver Impfung)
Lymphe	Zwischenzellflüssigkeit: eiweiß- und zellarm, aus Blutgefäßen ausgetreten, wird von Lymphgefäßen gesammelt, in den Lymphknoten gefiltert und schließlich in die herznahen Venen zurückgeführt

Diagnostik, Therapie

Hämatologie	Lehre von den Blutzellen und Blutkrankheiten
Blutstatus	Blutbild
Differenzialblutbild	Blutausstrich zur Beurteilung der einzelnen Blutzellen
BSG, BKS	Blutkörperchensenkungsgeschwindigkeit
Elektrophorese	Auftrennung der Bluteiweiße mithilfe von elektrischem Strom
Quick, INR, PTT	Tests zur Bestimmung der Aktivität von Blutgerinnungsfaktoren
Bluttransfusion	Blutübertragung in die Blutbahn des Patienten
Infusion	Einbringen von Flüssigkeiten in die Blutbahn

Pathologie

Hämolyse	Auflösung der roten Blutzellen
Hämaturie	Ausscheidung von Blut im Urin
Hämatom	Bluterguss
Anämie	Blutarmut, d. h. Mangel an Erythrozyten und Hämoglobin
Hyperämie	Blutfülle eines Organs, Mehrdurchblutung
Polyglobulie	reaktive Vermehrung der roten Blutzellen z. B. bei O_2-Mangel
Leukozytose	Vermehrung der weißen Blutzellen z. B. bei einer Infektion (über 10.000/mm^3)
Leukopenie	Verminderung der weißen Blutzellen (unter 4.000/mm^3)
Leukämie	überschießende und unkontrollierte Wucherung der weißen Blutzellen („Blutkrebs“)

Thrombopenie	Verminderung der Blutplättchen
Thrombus	Blutgerinnsel
Thrombose	Blutgerinnselbildung in den Venen oder Arterien
Thrombophlebitis	oberflächliche Venenentzündung mit Thrombenbildung
Phlebothrombose	tiefe Venenthrombose; Gefahr einer Lungenembolie, wenn sich der Thrombus löst
Embolie	Verschluss eines Blutgefäßes durch einen eingeschwemmten Thrombus, Fetttröpfchen oder Luft
Allergen	Stoff, der eine Allergie auslösen kann
Allergie	krankhafte Überempfindlichkeitsreaktion des Körpers
anaphylaktischer Schock	Kreislaufversagen aufgrund einer schweren Überempfindlichkeitsreaktion auf z. B. Penicillin, Jod
Lymphadenitis	Lymphknotenentzündung
Lymphangitis	Lymphgefäßentzündung
Lymphödem	Flüssigkeitsansammlung im Gewebe durch Lymphstauung
Lymphom	Lymphknotentumor, kann gut- oder bösartig sein

Herz-Kreislaufsystem

Grundbegriffe, Anatomie

kardial	das Herz betreffend
Septum	Scheidewand, Zwischenwand
Atrium	Vorhof
Ventrikel	Herzkammer
Herzklappen:	
• Mitralklappe	zweizipfelige Segelklappe zwischen Vorhof und Kammer, links
• Trikuspidalklappe	dreizipfelige Segelklappe zwischen Vorhof und Kammer, rechts
• Aortenklappe	Taschenklappe zwischen Aorta und Kammer, links
• Pulmonalklappe	Taschenklappe zwischen Lungenarterie und Kammer, rechts

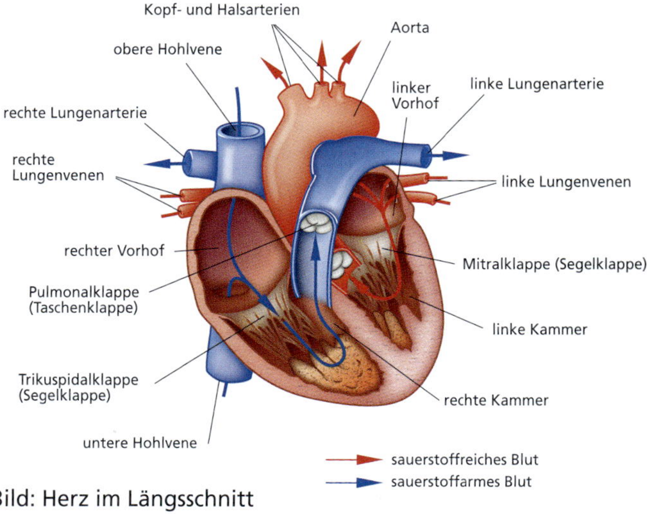

Bild: Herz im Längsschnitt

Endokard(-itis)	Herzinnenhaut(-entzündung)
Myokard(-itis)	Herzmuskel(-entzündung)
Epikard	Herzaußenhaut
Perikard(-itis)	Herzbeutel(-entzündung)
Systole	Zusammenziehen, d. h. Kontraktion des Herzmuskels
Diastole	Erschlaffen des Herzmuskels
Arterie	Schlagader, führt Blut vom Herzen weg
Vene	Blutader, führt Blut zum Herzen hin
Arteriole	kleinste Arterie, die sich dann in Kapillaren verästelt
Kapillaren	feinste Haargefäße, dienen dem Stoffaustausch
Aorta	Hauptschlagader
Koronararterien	Herzkranzgefäße, versorgen den Herzmuskel mit Blut
Adrenalin	kreislaufwirksames Hormon aus dem Nebennierenmark

Diagnostik, Therapie

Kardiologie	Lehre von den Herz-Kreislauf-Erkrankungen; auch ein Teilgebiet der Inneren Medizin
Elektrokardiogramm	(= EKG) Herzstromkurve: Aufzeichnung der elektrischen Erregungen, die durch die Herztätigkeit entstehen (Ruhe-, Belastungs-, Langzeit-EKG)
Kardiotokographie	(= CTG) Aufzeichnung der kindlichen Herztöne und der Wehen

Antikoagulanzien	Medikamente, die die Blutgerinnung hemmen („Blutverdünner"), z. B. bei Patienten nach Schlaganfall oder mit erhöhtem Thromboserisiko
Stent	Gitterröhrchen aus Metall, das verengte Herzkranzarterien offen hält
Bypass	Überbrückung eines krankhaft verengten Gefäßes, z. B. bei einer Verengung der Herzkranzarterien
DMP	**D**isease (= Krankheit)-**M**anagement-**P**rogramm: ein strukturiertes Behandlungsprogramm für chronisch kranke Menschen, z. B. mit KHK

Pathologie

Hypertonie	Bluthochdruck; nach Deutscher Hochdruckliga bei Werten über 140/90 mmHg
Hypotonie	zu niedriger Blutdruck, bei Werten unter 100–110/60 mmHg
Frequenz	Häufigkeit pro Zeiteinheit (z. B. der Herzschläge)
Tachykardie	erhöhte Herzschlagfrequenz (über 100/min)
Bradykardie	verlangsamte Herzschlagfrequenz (unter 60/min)
Arrhythmie	unregelmäßige Herzschlagfolge
Extrasystole	zusätzlicher Herzschlag, kann das Symptom einer Herzerkrankung sein
Herzinsuffizienz	Herzleistungsschwäche, bedingt durch ungenügende Pumpleistung des Herzmuskels
Asthma cardiale	anfallsartige auftretende Atemnot infolge Leistungsschwäche des Herzens
Herzdekompensation	Herzversagen, Leistungsabfall, da Hilfs- und Ausgleichsfunktionen nicht mehr ausreichen, führt zu Lungenödem mit Atemnot, Beinödeme

Ödem	Flüssigkeitsansammlung im Gewebe
Schock	schweres Kreislaufversagen, unterschiedliche Ursachen können vorliegen: Flüssigkeitsverlust (z. B. Blutung, Durchfall, Erbrechen), Herzinfarkt, Allergie, Sepsis
Zyanose	bläuliche Verfärbung der Haut infolge mangelnder O_2-Sättigung des Blutes
Koronare Herzkrankheit	(= KHK) infolge arteriosklerotischer Verengung der Herzkranzgefäße ist die O_2-Versorgung des Herzmuskels ungenügend
• Stenose	Verengung (z.B. eines Gefäßes)
• Angina pectoris	Brustenge (anfallsartiger Schmerz hinter dem Brustbein) infolge Verengung eines Koronargefäßes und damit ungenügender O_2-Versorgung des Herzmuskels
• Myokardinfarkt	abgestorbener Herzmuskelbezirk infolge Verschluss eines Koronargefäßes
Arteriosklerose	Arterienverkalkung, führt zur Verengung und Verhärtung der Gefäße
Reanimation	Wiederbelebung durch Atemspende und Herzdruckmassage
Defibrillation	„Entflimmerung“: bei Kammerflimmern werden mit Elektroden gezielt Elektroschocks an den Herzmuskel abgegeben
Varizen	Krampfadern
Varikose	Krampfaderleiden
Ulcus cruris	Unterschenkelgeschwür; häufig die Folge eines Krampfaderleidens durch die Stauung des venösen Blutes im Unterschenkelbereich

Atmungssystem

Grundbegriffe, Anatomie

Thorax	Brustkorb
Diaphragma	Zwerchfell
Pleura	Brustfell, bestehend aus Lungen- und Rippenfell
Hilus	(„Stiel") Pforte, an der Blutgefäße oder Nerven in ein Organ ein- oder austreten
• Lungenhilus	Lungenwurzel: hier treten Bronchien und Gefäße in die Lunge ein
Pharynx	Rachen
Larynx	Kehlkopf
Trachea	Luftröhre
Bronchien	zuleitende Atemwege
Alveolen	Lungenbläschen: Ort des Gasaustausches von O_2 und CO_2

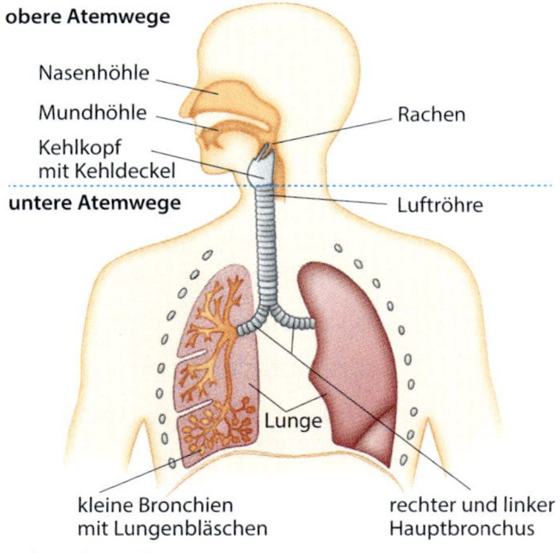

Bild: Übersicht über die Atemwege

Tonsillen	„Mandeln", lymphatische Organe am Gaumen und am Rachendach
Respiration	Atmung
Inspiration Exspiration	Einatmung Ausatmung
Aspiration	1) Eindringen von Fremdmaterial in Atemwege oder Lunge beim Einatmen 2) Ansaugen von Luft oder Flüssigkeit (z. B. Blut mit Spritze vor Injektionen)

Diagnostik, Therapie

Pneumologie	Lehre von den Lungen- und Atemwegserkrankungen (auch: Pulmonologie)
Bronchoskopie	endoskopische Untersuchung (Spiegelung) der Atemwege
Inhalation	Einatmung von Arzneimitteln als Aerosole oder Dämpfe
Spirometrie	Messung der Lungenfunktion: VC = Vitalkapazität FEV_1 = forciertes exspiratorisches Volumen in 1 Sekunde
DMP	**D**isease (= Krankheit)-**M**anagement-**P**rogramm: ein strukturiertes Behandlungsprogramm für chronisch kranke Menschen, z. B. mit Asthma bronchiale oder COPD

Pathologie

Sputum	Auswurf, Bronchialsekret
Dyspnoe	erschwerte Atmung, Atemnot
Rhinitis	Entzündung der Nasenschleimhaut, Schnupfen
Sinusitis	Entzündung der Nasennebenhöhlen
Pharyngitis	Rachenentzündung

Laryngitis	Kehlkopfentzündung
Tracheitis	Luftröhrenentzündung
Tracheotomie	Luftröhrenschnitt
Bronchitis	Entzündung der Luftwege (Bronchien)
Bronchiektasen	sackartige Erweiterungen der Bronchien, gehen mit chronischer Entzündung und Eiterbildung einher
Pneumonie	Lungenentzündung
Pneumothorax	Luft gelangt in Pleuraspalt (z. B. durch Verletzung des Thorax), Lunge sackt zusammen und wird nicht mehr belüftet
Angina tonsillaris	Mandelentzündung
Tonsillektomie	operative Entfernung der Gaumenmandeln
Adenotomie	operative Entfernung der Rachenmandel
Krupp-Syndrom	Krankheitsbild mit bellendem Husten und Atemnot infolge entzündlicher Schleimhautschwellung im Kehlkopfbereich
Diphtherie	bakteriell bedingte Infektionskrankheit mit Atemnot und eitrigen Belägen auf Mandeln, im Rachen und Kehlkopf
Pertussis	Keuchhusten
Spasmus	Muskelkrampf
Asthma bronchiale	anfallsartig auftretende Atemnot infolge Einengung der Atemwege (Spasmen der glatten Bronchialmuskulatur mit Schleimhautödem und zähem Schleim)
Asthma cardiale	anfallsartig auftretende Atemnot infolge Blutstau bei Linksherzinsuffizienz („Herzasthma" bei Stauungslunge)

Emphysem	Lungenüberblähung
respiratorische Insuffizienz	ungenügende Leistung des Atmungssystems
SARS-CoV-2	**S**evere **A**cute **R**espiratory **S**yndrome **Co**rona**v**irus Type **2**
COPD	**c**hronic **o**bstructive **p**ulmonary **d**isease (engl.): Sammelbegriff für die chronisch obstruktive Bronchitis und das obstruktive Lungenemphysem
Hyperventilation	verstärkte Atmung
Hyperventilationstetanie	schmerzhafte Muskelkrämpfe (bes. im Gesichts- und Handbereich) mit Kribbeln infolge psychogen verstärkter Atmung
Silikose	Staublungenkrankheit durch Steinstaub
Tuberkulose	durch Mykobakterien hervorgerufene Infektionskrankheit, die meist die Lunge befällt (auch: Tbc, Morbus Koch, Schwindsucht)

Ernährungs- und Verdauungssystem

Grundbegriffe, Anatomie

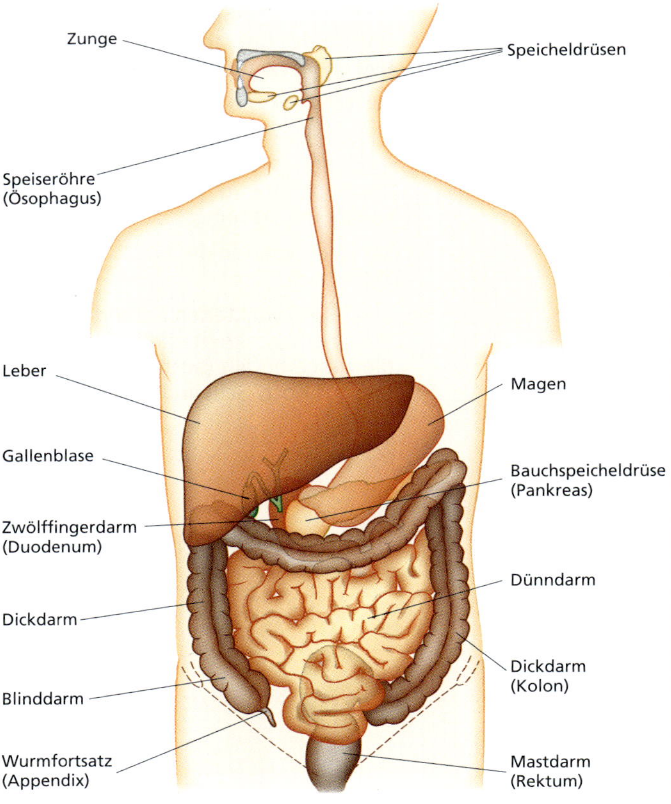

Bild: Verdauungsorgane

Ösophagus	Speiseröhre
Gaster, Venter	Magen
Duodenum	Zwölffingerdarm
Hepar	Leber
Pankreas	Bauchspeicheldrüse
Kolon	Dickdarm
Appendix	Wurmfortsatz, wurmförmiges Anhängsel am Blinddarm, dem Anfangsteil des Dickdarms
Sigma	s-förmiger Endteil des Dickdarms
Rektum	Mastdarm (Rektum und Analkanal bilden den Enddarm)
Anus	After, Darmausgang
Fäzes	Kot, Stuhl
Kolibakterien	im Darmbereich natürlicherweise vorkommende Bakterien, einige bilden das wichtige Vitamin K; Teil der „Darmflora"und des „Mikrobioms"
• Symbiose	Zusammenleben von Lebewesen zum gegenseitigen Nutzen, z. B. Vitamin-K-bildende Kolibakterien im Dickdarm des Menschen
Resorption	Stoffaufnahme, z. B. von Nahrungsstoffen aus dem Darm (resorbieren = aufnehmen)
Sekretion	Absonderung, z. B. von Verdauungsenzymen in den Darm (sezernieren = absondern)
Peristaltik	wellenförmige, fortschreitende Muskelkontraktionen des Magen-Darm-Traktes zur Weiterbeförderung des Speisebreis
Motilität	vegetative, reflektorisch gesteuerte Bewegungen (z. B. die Bewegung der Darmmuskulatur)

Nährstoffe	Nahrungsbestandteile, die Energie liefern. Dazu zählen:
• Proteine	Eiweiße, bestehend aus Aminosäuren
• Kohlenhydrate	Zucker, bestehend aus Kohlenstoff und Wasser
• Lipide	Fette, bestehend aus Glyzerin und Fettsäuren
Aminosäuren	organische Säuren mit Aminogruppen: kleinster Baustein der Eiweiße
Glukose	Traubenzucker, ein Einfachzucker
Glykogen	Mehrfachzucker aus Glukosemolekülen zur Glukosespeicherung in Leber- und Muskelzelle, („Muskelstärke“)
Vitamine	lebensnotwendige Wirkstoffe in der Nahrung für den Stoffwechsel
Enzyme	biologische Katalysatoren, d. h. Eiweißmoleküle, die chemische Reaktionen im Körper beschleunigen
• Pepsin	Eiweiß spaltendes Enzym des Magens
• Amylase	Kohlenhydrat spaltendes Enzym der Mundspeicheldrüsen und der Bauchspeicheldrüse
• Trypsin	Eiweiß spaltendes Enzym der Bauchspeicheldrüse
• Lipase	Fett spaltendes Enzym der Bauchspeicheldrüse

Diagnostik, Therapie

Gastroenterologie	Lehre der Erkrankungen des Magen-Darm-Traktes und ihre Behandlung
Endoskopie	Spiegelung der Körperhöhlen und innerer Organe
• Gastroskopie	Magenspiegelung
• Koloskopie	(auch: Kolonoskopie) Dickdarmspiegelung
• Rektoskopie	Enddarmspiegelung

• Proktoskopie	Spiegelung des unteren Rektumabschnitts und des Anus
• Laparoskopie	Spiegelung der Bauchhöhle und der Bauchorgane, v. a. Leber, Galle und Milz
Sonographie	Untersuchungsverfahren mit Ultraschall, z. B. der Leber, der Galle und des Pankreas
Spasmolytika	krampflösende Medikamente
Laxanzien	Abführmittel
okkult	(= verborgen) nicht sichtbar
iFOBT	**i**mmunologischer **F**äkaler **O**kkult**b**lu**t**est: dieser Test weist mit spezifischen Antikörpern menschliches Hämoglobin im Stuhl (= Faeces) nach; wird zur Krebsfrüherkennung eingesetzt

Pathologie

Adipositas	Fettleibigkeit, auch „Fettsucht", Body-Mass-Index (BMI) über 30
Diarrhö	Durchfall
Obstipation	Verstopfung
Meteorismus	Blähung durch Gasansammlungen im Darm
Kolik	heftiger, krampfartiger Schmerzanfall in Hohlorganen, z. B. Gallenkolik
Spasmus	Muskelkrampf, z. B. der Darmmuskulatur
Aszites	„Bauchwassersucht": Ansammlung von klarer Flüssigkeit im Bauchraum, z. B. bei Herzleistungsschwäche, Leberfunktionsstörung, Krebsbefall des Bauchfells
Ikterus	Gelbsucht, verursacht durch Ablagerung von Gallenfarbstoffen in der Haut
Bilirubin	Gallenfarbstoff, Abbauprodukt des Hämoglobins

Hernie	Eingeweidebruch, Lücke in der Bauchwand, durch die Darmschlingen treten können
Ileus	Darmverschluss
Perforation	Durchbruch, z. B. eines Magengeschwürs in die offene Bauchhöhle
Metastase	Tochtergeschwulst, Absiedlung eines bösartigen Tumors, z. B. Lebermetastasen eines Rektumkarzinoms
Inkontinenz	Unvermögen, Stuhl oder Harn zu halten
Karies	Zahnfäule
Parodontose	Zahnfleischschwund
Parotitis	Entzündung der Ohrspeicheldrüse (Parotitis epidemica = Mumps, eine Viruskrankheit)
Gastritis	Magenschleimhautentzündung
Ulcus ventriculi	Magengeschwür
Ulcus duodeni	Zwölffingerdarmgeschwür
Enteritis	Dünndarmentzündung
Gastroenteritis	Magen-Darm-Entzündung
Kolitis	Dickdarmentzündung
Appendizitis	Entzündung des Wurmfortsatzes, („Blinddarmentzündung") mit Unterbauchschmerzen, Leukozytose, Fieber (Unterschied rektal – axillär größer als 1 °C)
• rektal	im Mastdarm
• axillär	unter der Achsel (Temperatur ist dort normalerweise 0,5 °C niedriger als rektal)
Appendektomie	operative Entfernung des Wurmfortsatzes

Hepatitis	Leberentzündung, oft durch Viren (A, B, C, D, E) verursacht
Leberzirrhose	narbige Schrumpfung der Leber, Leberverhärtung
Leberkoma	(= Coma hepaticum) Bewusstlosigkeit aufgrund einer schweren Leberfunktionsstörung
Cholezystitis	Gallenblasenentzündung
Cholezystolithiasis	Gallenblasensteinleiden
Cholezystektomie	operative Entfernung der Gallenblase
„Gallenkolik"	heftigste krampfartige Schmerzen im rechten Oberbauch, verursacht durch einen Gallenstein, der den Gallefluss in den Gallegängen behindert
Peritonitis	Bauchfellentzündung
„Akutes Abdomen"	plötzliche, starke Bauchschmerzen mit bretharter Bauchdecke infolge der reflektorischen Abwehrspannung der Bauchdecke: Ursache ist meist eine lebensbedrohliche Erkrankung (Peritonitis, Darmperforation, Ileus, Eileiterschwangerschaft)
Pankreatitis	Entzündung der Bauchspeicheldrüse
Hämorrhoiden	Krampfadern am Enddarmausgang
Stoma	(„Mund") eine durch den Arzt angelegte Körperöffnung, z. B. künstlicher Darmausgang (= Enterostoma); veraltet: Anus praeter

Harnsystem

Grundbegriffe, Anatomie

renal	die Niere betreffend, zu den Nieren gehörend
Glomerulus	Gefäßknäuel, z. B. Gefäßknäuel in der Nierenrinde (Nierenkörperchen)
Tubulus	Röhrchen, z. B. Nierenkanälchen im Nierenmark
Nierenhilus	Eintrittsstelle für Gefäße und Nerven und Harnleiterabgang in der Niere
Ureter	(Mz. Ureteren) Harnleiter
Urethra	Harnröhre
Miktion	Harnlassen, Blasenentleerung

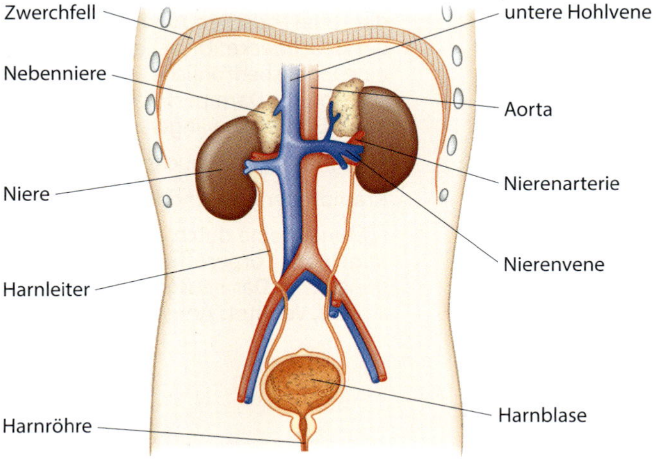

Bild: Die Lage der Harnorgane

Kreatinin	körpereigenes Abbauprodukt im Blut, das die Nierenkörperchen filtirieren (normal unter 1,2 mg/dl), steigt bei Niereninsuffizienz; Harnstoff und Harnsäure sind auch körpereigene Abbauprodukte.

Diagnostik, Therapie

Urologie	Lehre von den Nieren- und Harnwegserkrankungen
Katheter	röhrenförmiges Instrument zum Einführen in Körperöffnungen, z. B. zum Ableiten von Urin aus der Blase
Zystoskopie	Spiegelung der Harnblase mit dem Endoskop
Nierensonographie	Untersuchungsverfahren der Niere mit Ultraschall, z. B. zum Nachweis von Nierensteinen
Nierenszintigraphie	Untersuchungsverfahren zur Darstellung der Niere durch Einverleiben radioaktiver Substanzen
(Hämo-)Dialyse	Blutwäsche: Entfernung von harnpflichtigen Stoffen (z. B. Harnstoff, Kreatinin) aus der Blutbahn mit der sog. künstlichen Niere nach dem Prinzip der Membrandiffusion
Diuretika	harntreibende Medikamente

Pathologie

Glukosurie	Ausscheidung von Zucker mit dem Harn
Hämaturie	Ausscheidung von Blut mit dem Harn
Ketonurie	Ausscheidung von Ketonen, z. B. Azeton, mit dem Harn
Proteinurie	Ausscheidung von Eiweiß mit dem Harn

Polyurie	übermäßige Harnausscheidung, z. B. bei Diabetes
Dysurie	schmerzhafte, erschwerte Harnentleerung
Nephritis	Nierenentzündung
Pyelonephritis	gleichzeitige Entzündung von Nierenbecken und Nierengewebe
Glomerulonephritis	vorwiegend die Glomeruli ergreifende Nierenentzündung
Zystitis	Harnblasenentzündung
Nephrolithiasis	Nierensteinleiden
„Nierenkolik"	heftigste, krampfartige Schmerzen im Lendenbereich, in die Leistengegend ausstrahlend, beim Wandern eines Nierensteins
Niereninsuffizienz	ungenügende Ausscheidungsfunktion der Nieren von harnpflichtigen Stoffen (Kreatinin, Harnstoff, Harnsäure, Elektrolyte)
Nierenkoma	(= Coma uraemicum) Bewusstseinseintrübung bis zur Bewusstlosigkeit aufgrund einer mangelhaften Entgiftungsfunktion der Nieren
Urämie	Harnvergiftung bei ausgeprägter Leistungsschwäche der Nieren
Inkontinenz	Unfähigkeit, Harn oder Stuhl zu halten

Sinnessystem, Haut

Rezeptor	Aufnahmeort: 1) Zelle zur Aufnahme bestimmter Reize (Sinneszelle) wie Licht, Wärme, Kälte, Schmerz 2) Molekülkomplex an der Zelloberfläche zur Aufnahme von Botenstoffen (z. B. Hormonen), die die Funktionen des Körpers steuern

Augen

Ophthalmologie	Augenheilkunde
Konjunktiva	Bindehaut
Konjunktivitis	Bindehautentzündung
Kornea	Hornhaut des Auges
Sklera	Lederhaut des Auges
Iris	Regenbogenhaut
Pupille	Sehloch
Retina	Netzhaut
Macula lutea	gelber Fleck am Augenhintergrund (= Augenfundus): Stelle des schärfsten Sehens
Papille	blinder Fleck im Augenhintergrund: Austrittsstelle des Sehnervs; bei Hirntumoren sieht man eine Stauungspapille
Fundus	Augenhintergrund
Akkommodation	Anpassung an Nah- und Fernsehen durch Änderung der Brechkraft der elastischen Linse
Adaptation	Anpassung an hell und dunkel durch Änderung der Pupillenweite

Myopie	Kurzsichtigkeit, Augapfel zu lang (Korrektur mit Konkavglas)
Hyperopie	Weitsichtigkeit, Augapfel zu kurz (Korrektur mit Konvexglas)
Presbyopie	Altersweitsichtigkeit (ca. ab 40. bis 45. Lebensjahr), infolge nachlassender Akkommodationsfähigkeit der Linse
Astigmatismus	„Stabsichtigkeit": verzerrtes Sehen infolge fehlerhafter Wölbung der Hornhaut
Strabismus	Schielen
Glaukom	grüner Star, Erhöhung des Augeninnendrucks
Katarakt	grauer Star, Linsentrübung
altersbedingte Makuladegeneration	(= AMD) degenerative Erkrankung der Netzhaut an der Stelle des schärfsten Sehens, im höheren Lebensalter
Dioptrie	(= dpt) Maßeinheit für die Brechkraft einer Linse

HNO

HNO	Hals-Nasen-Ohren-Heilkunde
Otoskop	Ohrspiegel
Zerumen	Ohrschmalz
Otitis externa	Entzündung des äußeren Ohres, d. h. der Ohrmuschel und des Gehörgangs
Otitis media	Mittelohrentzündung
Tinnitus	Ohrengeräusche, verursacht durch Erkrankungen des Ohrs, des Hörnervs oder des Blutkreislaufs, evtl. durch Stress

Haut

Dermatologie	Lehre von den Hautkrankheiten
Kutis	Haut (umfasst Epidermis und Korium)
• Epidermis	Oberhaut (bestehend aus Horn- und Keimschicht)
• Korium	Lederhaut
Subkutis	Unterhautgewebe

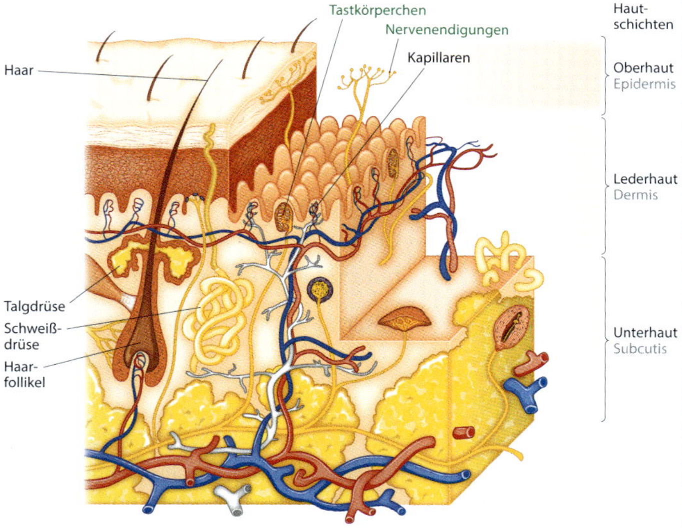

Bild: Schnitt durch die Haut

epikutan	auf die Haut (z. B. beim Epikutantest wird ein Kontaktallergen mit einem „Pflaster" auf die Haut des Rückens aufgebracht. Ablesung nach 48 und 72 Stunden)

intrakutan	in die Haut hinein (z. B. beim Prick-Test wird Allergenlösung auf die Haut am Unterarm getropft und dann leicht eingeritzt. Ablesung nach 15 – 20 Minuten)
subkutan	unter die Haut (z. B. s.c-Injektion von Insulin oder Heparin)
perkutan	durch die Haut (z. B. die PEG-Sonde führt durch die Haut direkt in den Magen und dient der künstlichen Ernährung)
Dermatitis	Hautentzündung
Ekzem	Juckflechte, d. h. juckende, nicht ansteckende Hautentzündung
Exanthem	Ausschlag, z. B. fleckiger Hautausschlag bei Masern, Röteln
Mykose	Pilzerkrankung
Atherom	Grützbeutel, Talgzyste
Lipom	gutartiger Tumor des Fettgewebes

malignes Melanom	bösartiger Tumor von Pigmentzellen der Haut ausgehend, „schwarzer Hautkrebs"
Basaliom	bösartiger Tumor von Basalzellen der Haut ausgehend, „weißer Hautkrebs"
Spinaliom	bösartiger Tumor des Plattenepithels der Haut, „weißer Hautkrebs"

Akne vulgaris	entzündliche Erkrankung der Hautanhangsgebilde, insbesondere der Talgdrüsen und Haarfollikel
Furunkel	tief greifende, eitrige Entzündung eines Haarfollikels und seiner Umgebung
Psoriasis	Schuppenflechte

Nervensystem

Grundbegriffe, Anatomie

Anatomische Gliederung:

zentrales Nervensystem	(= ZNS) umfasst Gehirn und Rückenmark
peripheres Nervensystem	(= PNS) die Leitungsbahnen außerhalb des ZNS, umfasst die 12 Hirn- und 30–31 Rückenmarksnervenpaare

Funktionelle Gliederung:

motorisches Nervensystem	steuert die willkürlichen, aktiven Muskelbewegungen
sensibles Nervensystem	nimmt Reize (Empfindungen) auf und leitet sie weiter
vegetatives Nervensystem	(auch autonomes Nervensystem) unterliegt nicht dem Willen, steuert die Funktion der inneren Organe

Motorik	willkürliche, aktive Bewegungen (z. B. Bizepsmuskel)
Sensibilität	Fähigkeit, äußere Reize aufzunehmen (z. B. Hautnerven, Sinnesorgane)
Motilität	vegetative, reflektorisch gesteuerte Bewegungen (z. B. die Bewegung der Darmmuskulatur)
Reflex	motorische Antwort eines Muskels auf einen sensiblen Reiz ohne Beteiligung des Großhirns, z. B. Dehnung der Kniescheibensehne → Kontraktion der Oberschenkelstreckmuskeln
zerebral	das Gehirn betreffend
Ventrikel	Kammer, z. B. die mit Liquor gefüllten vier Hirnkammern
Liquor cerebrospinalis	Flüssigkeit in Gehirn und Rückenmark, „Nervenwasser"

Ischiasnerv	größter peripherer Nerv („Hüftnerv"): versorgt Muskeln und Haut z. T. am Oberschenkel und am gesamten Unterschenkel

Diagnostik, Therapie

Neurologe	Arzt für Nervenkrankheiten
Psychiater	Arzt für seelische Krankheiten
Psychologe	hat ein Studium der Psychologie mit Diplom oder Master abgeschlossen, kein Arzt (!), befasst sich mit dem zwischen- und innermenschlichen Erleben und Verhalten; z. T. Psychotherapie und Beratung auf Überweisung möglich
Elektroenzephalogramm	(= EEG) Aufzeichnung des Verlaufes der Hirnaktionsströme
Lumbalpunktion	Entnahme von Liquor (Nervenwasser) zwischen dem 3. und 4. Lendenwirbel, zur Diagnostik einer Blutung oder Entzündung im Gehirn oder Rückenmark
neurologischer Status	Untersuchungsergebnis der Prüfung auf Motorik, Sensibilität und Reflexe
Psyche	subjektive, innere Vorgänge (Psyche = Seele), betreffen Denken, Gefühle (Affekte), Wahrnehmen, Antrieb und Bewusstsein
Psychosomatik	Richtung der Medizin, die besonders den Einfluss des Seelischen auf körperliche Erkrankungen verfolgt
Psychotherapie	Behandlungsmethode, die eine direkte psychische Beeinflussung erzielen will (z. B. Gesprächstherapie, Verhaltenstherapie, Psychoanalyse)
Psychopharmaka	Medikamente, die gestörte psychische Funktionen therapeutisch beeinflussen (Neuroleptika, Antidepressiva, Tranquilizer u. a.)

Pathologie

Neuralgie	Schmerz im Versorgungsgebiet eines Nervs
Neuritis	Nervenentzündung
Polyneuropathie	Erkrankung vieler peripherer Nerven, mit Gefühlsstörungen und später Lähmungen v. a. an Händen und Füßen, häufig durch Diabetes mellitus oder Alkohol verursacht
Meningitis	Hirnhautentzündung
Enzephalitis	Gehirnentzündung
Poliomyelitis epidemica	Kinderlähmung, virusbedingte Erkrankung der motorischen Rückenmarksnerven, führt zu schlaffen Lähmungen
Schädel-Hirn-Trauma	(= SHT) Verletzung des Schädels mit Beteiligung des Gehirns; je nach Schwere und Dauer der Bewusstlosigkeit unterscheidet man SHT 1. bis 3. Grades
Commotio cerebri	Gehirnerschütterung (oder: SHT 1. Grades)
Parese	unvollständige Muskellähmung, Erschlaffung
Plegie	vollständige Lähmung; z. B. Hemiplegie = Halbseitenlähmung
Epilepsie	„Fallsucht", zerebrale Krampfanfälle z. B. mit Bewusstlosigkeit und tonisch-klonischen Muskelkrämpfen
Apoplex	Schlaganfall, verursacht durch einen Verschluss oder eine Blutung einer Hirnarterie
TIA	(**T**ransitorisch-**i**schämische **A**ttacke), vorübergehende Mangeldurchblutung des Gehirns, spätestens nach 24 Stunden bilden sich die Symptome zurück

Morbus Parkinson	„Schüttellähmung“: Erkrankung des Mittelhirns, Mangel an Dopamin. Führt zu Verlangsamung aller Bewegungen, Muskelstarre und Muskelzittern
• Tremor	Muskelzittern
Multiple Sklerose	(= MS) Erkrankung des ZNS, bei der es zum Zerfall der Markscheiden der Nerven kommt; führt zu spastischen Lähmungen, Störungen des Gleichgewichts, der Sensibilität, der Blase und des Mastdarms (auch: Enzephalomyelitis disseminata = ED)
Abusus	Missbrauch, z. B. von Alkohol, Medikamenten
Suizid	Selbsttötung, Freitod
Demenz	Hirnleistungsschwäche: Verlust erworbener geistiger und intellektueller Fähigkeiten
Neurose	Störung der Persönlichkeit, die sich mit Angst, Depression, Zwängen u. a. äußern kann
Psychose	veralteter Begriff für schwere psychische Störung/Krankheit
Schizophrenie	(„gespaltenes Irresein“) Ich-Störung, die vor allem durch Störungen des Denkens und der Wahrnehmung (Wahnvorstellungen) gekennzeichnet ist
affektive Störungen	Störungen der Gefühle, Stimmungen (= Affekte)
• Depression	(„Niedergeschlagenheit“) Störung des Fühlens und des Antriebs, oft verbunden mit Schlafstörungen und anderen körperlichen Symptomen
• Manie	(„Wahn“) das Gegenstück zur Depression mit gehobener Stimmung, Antriebssteigerung, Redefluss oder Selbstüberschätzung

Hormonsystem

Hormone	„Botenstoffe", körpereigene Wirkstoffe, regulieren bereits in geringen Mengen Stoffwechsel und Organfunktionen

Hypophyse kontrolliert die Hormondrüsen

Hypophyse	Hirnanhangsdrüse
• Hypophysenvorderlappen	„Drüsenteil" der Hypophyse, produziert vor allem Hormone, die andere Drüsen steuern: FSH: Follikel stimulierendes Hormon LH: luteinisierendes Hormon TSH: Schilddrüsen stimulierendes Hormon ACTH: Nebennierenrinden stimulierendes Hormon
• Hypophysenhinterlappen	„Hirnteil" der Hypophyse, speichert Hormone aus dem Gehirn: ADH: antidiuretisches Hormon (vermindert die Harnausscheidung) Oxytocin: regt Wehentätigkeit an und beeinflusst das Bindungsverhalten („Kuschelhormon")

Schilddrüse steuert Stoffwechsel, Entwicklung

Thyroxin	jodhaltiges Schilddrüsenhormon, steigert Stoffwechsel, fördert Wachstum und geistige Entwicklung
Hyperthyreose	Überfunktion der Schilddrüse
• Morbus Basedow	autoimmunologische Schilddrüsenüberfunktion mit Struma, Tachykardie und Exophthalmus (= Hervortreten der Augäpfel)
Hypothyreose	Unterfunktion der Schilddrüse

Struma	„Kropf", Schilddrüsenvergrößerung
Strumektomie	operative Entfernung des Kropfes
Schilddrüsenszintigramm	Untersuchung zur Darstellung der Schilddrüse durch intravenöse Injektion der radioaktiven Substanz Technetium ^{99m}Tc

Schilddrüsen-C-Zellen steuern Calcium-Stoffwechsel

Calcitonin	Hormon der C-Zellen in der Schilddrüse, senkt den Calciumspiegel im Blut

Nebenschilddrüsen steuern Calcium-Stoffwechsel

Parathormon	Hormon der Nebenschilddrüse (Epithelkörperchen), hebt den Calciumspiegel im Blut

Nebennierenmark steuert Kreislauf, Stoffwechsel

Adrenalin	Hormon des Nebennierenmarks, „Stresshormon", steigert die Herzleistung, hebt Blutzucker, erhöht Energieumsatz

Nebennierenrinde steuert Elektrolyt-, Kohlenhydratstoffwechsel

Kortikosteroide	Hormone der Nebennierenrinde (= NNR)
• Mineralokortikoide	NNR-Hormone, die den Wasser- und Salzhaushalt beeinflussen. Hauptvertreter: Aldosteron
• Glukokortikoide	NNR-Hormone, die den Kohlenhydratstoffwechsel beeinflussen. Hauptvertreter: Kortisol

Langerhans'sche Inseln/ Langerhans-Inseln des Pankreas	steuern Blutzucker, Kohlenhydrat-stoffwechsel
Glukose	Traubenzucker
Glykogen	langkettige Verbindung aus Glukose-molekülen zur Glukosespeicherung in Leber und Muskel, „Muskelstärke"
Pankreas	Bauchspeicheldrüse: einzelne Zell-inseln im Pankreas (= Langerhans'sche Inseln/Langerhans-Inseln), bilden die beiden wichtigen Hormone Insulin und Glukagon
Insulin	Hormon der Inselzellen (B-Zellen), senkt den Blutzucker
Glukagon	Hormon der Inselzellen (A-Zellen), hebt den Blutzucker an
Diabetes mellitus	Zuckerkrankheit (die beiden häufigsten Formen sind Typ 1- und Typ 2-Diabetes), erhöhter Blutzuckerspiegel mit klinischen Folgen.
Hyperglykämie	erhöhter Blutzuckerspiegel (nüchtern über 126 mg%)
diabetisches Koma	Bewusstlosigkeit bei Überzucker
Ketonurie	Ausscheidung von Ketonkörpern, z. B. Azeton, mit dem Harn
Glukosurie	Ausscheidung von Zucker mit dem Harn
Polyurie	vermehrte Harnausscheidung (kann durch hohen Blutzuckerspiegel bedingt sein)

Hypoglykämie	zu niedriger Blutzuckerspiegel (unter 50 mg%)
hypoglykämisches Koma	(= hypoglykämischer Schock) plötzliche Bewusstlosigkeit bei Unterzucker; Frühsymptome sind kalter Schweiß, Blässe, Zittern, Herzklopfen, Hunger, Verwirrtheit: sofort Glukose zuführen!
diabetische Arteriosklerose	„Arterienverkalkung", wird durch Diabetes mellitus in besonderem Maße gefördert; man unterscheidet
• Makroangiopathie	große Gefäße, z. B. Herzkranzgefäße,
• Mikroangiopathie	kleine Gefäße/Kapillaren, z. B. der Augen, Nieren, Nerven
DMP	**D**isease (= Krankheit)-**M**anagement-**P**rogramm: ein strukturiertes Behandlungsprogramm für chronisch kranke Menschen, z. B. mit Diabetes Typ 1 und Typ 2

Geschlechtsorgane

Grundbegriffe, Anatomie

Genitalien	Geschlechtsorgane
Adnexe	zusammenfassende Bezeichnung für Eileiter und Eierstöcke
Ovar	Eierstock (Mz. Ovarien)
Tube	Eileiter (Mz. Tuben), auch Tuba uterina genannt
Uterus	Gebärmutter
• Endometrium	Schleimhaut der Gebärmutter
• Myometrium	Muskelschicht der Gebärmutter
▪ Korpus	Gebärmutterkörper
▪ Zervix	Gebärmutterhals
▪ Portio	Teil des Gebärmutterhalses, der in die Scheide hineinragt
Vagina	Scheide

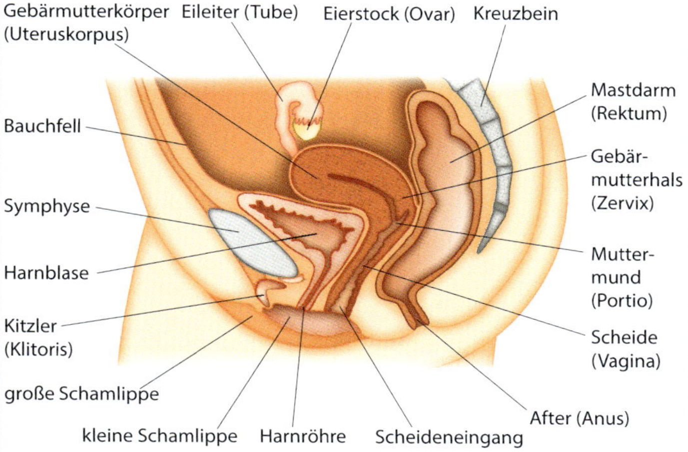

Bild: Längsschnitt durch das weibliche Becken

Vulva	äußeres Geschlechtsteil der Frau: große und kleine Schamlippen, Kitzler Bartholin-Drüsen, Scheidenvorhof
Mamma	Brust (Mz. Mammae)
Symphyse	Verbindung der beiden Schambeine, Schamfuge
Pubertät	Beginn der Geschlechtsreife
Menarche	erste Monatsblutung
Menopause	letzte Monatsblutung
Klimakterium	Wechseljahre (infolge nachlassender Hormonbildung durch die Eierstöcke der Frau treten psychische und physische Veränderungen auf)
Zyklus	periodische Wiederkehr, z. B. von Eisprung und Regelblutung
Ovulation	Eisprung
Menstruation	monatliche Regelblutung, Periode
Follikel	kleines Bläschen, z. B. Graaf'scher Follikel im Ovar, enthält die befruchtungsfähige Eizelle
Östrogene	Follikelhormone der Eierstöcke
Gestagen	Gelbkörperhormon, erhält die Schwangerschaft. Das wichtigste Gestagen ist das Progesteron
Gravidität	Schwangerschaft
• Embryo	Frucht in der Gebärmutter bis zum Ende der 10. Schwangerschaftswoche (= SSW): Zeit der Organentwicklung
• Fetus	Frucht in der Gebärmutter ab der 11. SSW: Zeit der Organreifung
Plazenta	Mutterkuchen
Partus	Geburt
Penis	männliches Glied
Prostata	Vorsteherdrüse
Prostataadenom	Vergrößerung der Vorsteherdrüse durch gutartige Gewebeneubildung

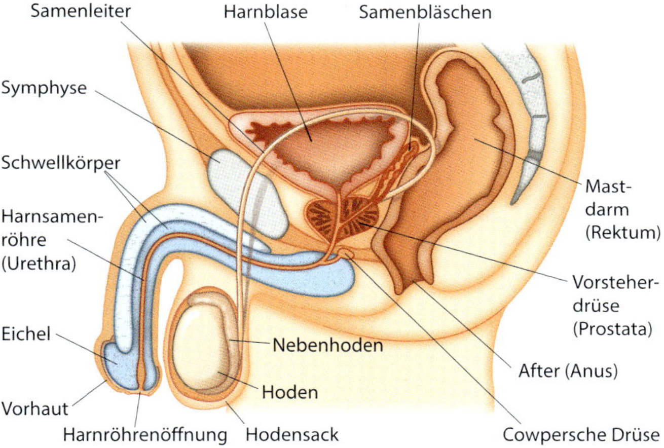

Bild: Längsschnitt durch das männliche Becken

Testosteron	männliches Geschlechtshormon, im Hoden gebildet
Sperma	Samen, d. h. Samenzellen und Samenflüssigkeit
Spermium	Samenzelle
Fertilität	Fruchtbarkeit, Fähigkeit zur Vermehrung

Diagnostik, Therapie

Gynäkologie	Frauenheilkunde
Spekulum	„Spiegel", Instrument zur gynäkologischen Untersuchung (Mz. Spekula)
Kolposkopie	Spiegelung der Scheiden- und Portiohaut mit dem Kolposkop in 10- bis 30-facher Vergrößerung
Mammographie	röntgenologische Darstellung der Brust

pränatal	vor der Geburt (z. B. Amniozentese wird als pränatale Diagnostik durchgeführt)
Amniozentese	Fruchtwasserentnahme, d. h. die Eihäute werden durchstochen und dann Fruchtwasser gewonnen; Fruchtwasser enthält kindliche Zellen, die auf genetische Störungen untersucht werden
Amnioskopie	Fruchtwasserspiegelung, d. h. durch die intakten Eihäute wird mit dem Amnioskop das Fruchtwasser betrachtet; eine grünliche Verfärbung des Fruchtwassers tritt z. B. bei Übertragung auf
Kardiotokographie	(= CTG) Aufzeichnung der kindlichen Herztöne und der Wehen
Kontrazeption	Empfängnisverhütung
Kontrazeptiva	Medikamente oder Mittel zur Empfängnisverhütung
Sterilisation	1) Herbeiführung der Unfruchtbarkeit 2) Erreichen der völligen Keimfreiheit
Kürettage	Ausschabung der Gebärmutter mit einer Kürette (auch: Abrasio)

Pathologie

Adnexitis	Entzündung von Eileiter (Tube) und Eierstock (Ovar)
Endometritis	Entzündung der Gebärmutterschleimhaut
Kolpitis	Scheidenentzündung (auch: Vaginitis)
Mastitis	Brustdrüsenentzündung
Gonorrhö	„Tripper", häufigste bakterielle Geschlechtskrankheit; Entzündung der Geschlechtsorgane und der Harnröhre

Lues	„Syphilis", bakteriell bedingte Geschlechtskrankheit; unbehandelt kann sie chronisch werden, Endstadium: demenzielles Syndrom
Aids	(**A**cquired **I**mmune **D**eficiency **S**yndrome) durch das HIV-Virus bedingte Immunschwäche-Krankheit
• HIV	**H**uman **I**mmunodeficiency **V**irus
Myom	gutartiger Tumor des Muskelgewebes, z. B. in der Muskelschicht der Gebärmutter
Fluor vaginalis	Ausfluss aus der Scheide aufgrund verschiedener Ursachen (Infektionen, Tumore u. a.)
Amenorrhö	Ausbleiben der monatlichen Regelblutung
Dysmenorrhö	schmerzhafte Regelblutung
Extrauteringravidität	(= EUG) Schwangerschaft außerhalb der Gebärmutter, z. B. im Eileiter oder in der Bauchhöhle
Abort	Fehlgeburt, Geburt eines nicht lebensfähigen Kindes
Embryopathie	Erkrankung der Frucht während der ersten drei Monate, z. B. Rötelnembryopathie mit Herz- und Gehörmissbildungen
Fetopathie	Erkrankung der Frucht ab dem 4. Monat bis zur Geburt, z. B. Kleinköpfigkeit durch Alkoholismus der Mutter
Gestose	durch die Schwangerschaft bedingte Erkrankung bei der Schwangeren, z. B. Hyperemesis gravidarum (= übermäßiges Schwangerschaftserbrechen) oder Präeklampsie (= schwangerschaftsinduzierte Hypertonie mit einer Proteinurie)
Sterilität	Unfruchtbarkeit

Infektionslehre und Hygiene

Infektionslehre

Infektion	Eindringen von lebenden Krankheitserregern in den menschlichen Organismus und ihre Vermehrung in ihm
Inkubationszeit	Zeit zwischen dem Eindringen der Krankheitserreger und dem Ausbruch der Infektionskrankheit
Immunisierung	Bildung von Antikörpern nach Kontakt mit Antigen durch Impfung oder durchgemachte Krankheit
• aktive Immunisierung	Gabe von abgeschwächten oder abgetöteten Erregern bzw. Toxinen, das Immunsystem bildet dann selbst (= aktiv) Antikörper und Gedächtniszellen
• passive Immunisierung	Gabe von Antikörpern, ohne dass das Immunsystem tätig wird (= passiv)
• simultane Immunisierung	„gleichzeitige" aktive und passive Immunisierung z. B. Tetanusprophylaxe
Immunität	Unempfindlichkeit gegenüber bestimmten Krankheitserregern, (z. B. nach durchgemachter Krankheit oder aktiver Impfung)
Antigen	körperfremde Substanz, die eine Abwehrreaktion des Körpers hervorruft
Antikörper	körpereigene Abwehrstoffe, die das schädigende Antigen unwirksam machen
Antigen-Schnelltest	Mithilfe von Antikörpern werden bestimmte Oberflächenmerkmale von Erregern (= Antigene) nachgewiesen. Dieser Test wird ohne Labor am Patienten durchgeführt und liefert das Ergebnis innerhalb von Minuten, ist aber weniger genau als der PCR-Test

PCR-Test	Mit dem Enzym Polymerase wird Erbsubstanz (DNA) vervielfältigt: mit dieser Labormethode können sehr genau Erreger über deren Erbsubstanz nachgewiesen werden (**P**olymerase **C**hain **R**eaction = Polymerase-Ketten-Reaktion)
Leukozytose	Vermehrung der weißen Blutkörperchen im Blut (über 10.000/mm^3) als Reaktion auf eine Schädigung, z. B. Infektion
Sepsis	Allgemeininfektion mit in die Blutbahn eingeschwemmten Mikroorganismen, „Blutvergiftung", mit hohem Fieber und schwerem Krankheitsgefühl
Toxin	von Mikroorganismen, meist Bakterien, gebildete Giftstoffe, z. B. Diphtherie-Toxin, Tetanus-Toxin
Tetanus	„Wundstarrkrampf": bakterielle Infektionskrankheit, die zur Muskelstarre führt → Atemstillstand

Hygiene

Mikroorganismen	kleinste Lebewesen, dazu zählen:
• Bakterien	einzellige Kleinlebewesen, vermehren sich durch Teilung
• Viren	die kleinsten Mikroorganismen, bestehen aus Nukleinsäure und Eiweißmantel, können sich nur in lebenden Zellen vermehren
• Pilze	haben einen Zellkern, Vermehrung durch Sprossung oder Sporen
• Protozoen	Einzeller, z. B. Malaria-Plasmodien, Amöben, Toxoplasmen
Sporen	1) widerstandsfähige Dauerformen von einigen Bakterien, z. B. Tetanussporen 2) die Vermehrungsform von einigen Pilzen

bakteriostatisch	die Vermehrung von Bakterien hemmend
bakterizid	Bakterien abtötend
fungizid	Pilze abtötend
Resistenz	Widerstandsfähigkeit (z. B. von Bakterien gegen Antibiotika)
Sanitation	laufende Verminderung von Anflugkeimen (transiente Flora), z. B. durch Hände waschen, Flächen feucht wischen, Staub saugen
Desinfektion	unumkehrbare Inaktivierung aller Krankheitserreger – aber: Bakteriensporen werden dadurch nicht abgetötet
Sterilisation	Abtötung aller Mikroorganismen und Bakteriensporen, d. h. völlige Keimfreiheit
steril	völlig keimfrei
Autoklav	Dampfdrucksterilisator
Indikator	(indicare = anzeigen) ein Indikator zeigt z. B. durch eine Farbveränderung an, ob die Sterilisation erfolgreich war
Antisepsis	Maßnahmen zur chemischen Bekämpfung von Infektionen
Asepsis	Maßnahmen zur Verhütung von Infektionen
Kontamination	Verunreinigung durch Kontakt mit keimhaltigem Material, z. B. von Händen oder Flächen mit Eiter

Praxiskunde

Arzneimittellehre

Analgetika	(Ez. Analgetikum) schmerzlindernde Medikamente
Antibiotika	(Ez. Antibiotikum) gegen Bakterien wirksame Medikamente
Antimykotika	(Ez. Antimykotikum) Medikamente gegen Pilze
Antihistaminika	(Ez. Antihistaminikum) Medikamente mit antiallergischer und juckreizstillender Wirkung
Antiphlogistika	Medikamente gegen Entzündungen, z. B. Diclofenac, Ibuprofen oder Kortikoide
Antikoagulanzien	die Blutgerinnung hemmende Medikamente, dienen der „Blutverdünnung“, z. B. ASS, Marcumar, Xarelto
Diuretika	(Ez. Diuretikum) harntreibende Medikamente
Laxanzien	Abführmittel
Psychopharmaka	Medikamente, die gestörte psychische Funktionen therapeutisch beeinflussen (Neuroleptika, Antidepressiva, Tranquilizer u. a.)
Sedativa	(Ez. Sedativum) Beruhigungsmittel
Spasmolytika	(Ez. Spasmolytikum) krampflösende Medikamente
Zytostatika	(Ez. Zytostatikum) Medikamente, die die Zellteilung hemmen, eingesetzt zur Krebsbehandlung – oft gleichbedeutend mit Chemotherapie

Kontraindikation	Gegenanzeige, d. h. Grund, medizinische Maßnahmen nicht anzuwenden, z. B. bestimmte Medikamente dürfen bei Schwangeren nicht verabreicht werden
Indikation	Heilanzeige, d. h. Grund für die Anwendung von medizinischen Maßnahmen, z. B. Appendizitis ist eine OP-Indikation
Off-Label-Use	der Einsatz (= use) eines Arzneimittels außerhalb (= off) der von der Zulassungsbehörde genehmigten Anwendung (= label): z. B. Behandlung eines Kindes mit einem Arzneimittel, für das nur klinische Studien mit Erwachsenen vorliegen
Compliance	Bereitschaft des Patienten, bei der Behandlung mitzuarbeiten, z. B. ob er seine Tabletten zuverlässig einnimmt
oral	durch den Mund (z. B. Tabletten einnehmen)
parenteral	unter Umgehung des Magen-Darm-Traktes zugeführt (z. B. intravenöse Injektion)
rektal	im oder über den Mastdarm (z. B. Zäpfchen einführen, Temperatur messen)
transdermal	durch die Haut; transdermales therapeutisches System (= TTS): durch die unverletzte Haut können über Pflaster Wirkstoffe, z. B. Nitrate, Opiate verabreicht werden

Injektionsarten

parenteral	unter Umgehung des Magen-Darm-Traktes zugeführt (z. B. durch Injektion oder Infusion)
Infusion	Einfließenlassen von Flüssigkeit in Blutbahn oder Gewebe

Injektion	Einspritzung
• intrakutan	in die Haut (Oberhaut)
• subkutan	(= s.c.) unter die Haut (in Unterhaut)
• perkutan	durch die Haut
• intramuskulär	(= i.m.) in den Muskel
• intraglutäal	in den großen Gesäßmuskel
• intravenös	(= i.v.) in die Vene, d. h. Blutader
• intraarteriell	in die Arterie, d. h. Schlagader
• intraartikulär	in ein Gelenk

Operative Behandlung

Anästhesie	Schmerzausschaltung, Gefühllosigkeit, Betäubung
Lokalanästhesie	(= Regionalanästhesie) örtliche Schmerzausschaltung, keine Vollnarkose (Patient ist bei Bewusstsein); Formen: Oberflächen-, Infiltrations-, Leitungsanästhesie
• Oberflächenanästhesie	Haut oder Schleimhaut wird mit einem Spray oder Gel betäubt (z. B. bei der Rachenspiegelung)
• Infiltrationsanästhesie	Schmerzausschaltung durch Einspritzen des Betäubungsmittels in das Operationsgebiet, z. B. bei der Entfernung eines Hauttumors
• Leitungsanästhesie	Schmerzempfindung wird durch Umspritzen der versorgenden Nerven aufgehoben (z. B. Oberst'sche Leitungsanästhesie bei Fingernagelentfernung)
Exstirpation	Operative Entfernung eines Organs oder eines Tumors
Transplantation	Verpflanzung von Gewebe oder Organen (z. B. eigene Haut nach Verbrennungen, die fremde Niere oder das Herz eines Spenders)

Medizinische Fachsprache

Herkunft und Schreibweise. Der größte Teil der medizinischen Fachausdrücke stammt aus dem Griechischen und Lateinischen. An der zunehmenden Verwendung englischer Begriffe ist der Einfluss der angloamerikanischen Medizin erkennbar.

Die lateinische Sprache kennt kein „K", kein „Z" und keine Umlaute (Ä, Ö, Ü). Bei der Eindeutschung wird dann „C" zu „Z" oder „K" (Beispiel: carcinoma → Karzinom) und die entsprechende Umlaute werden geschrieben. Die griechischen Fachbegriffe werden ebenso behandelt.

Die angloamerikanischen Begriffe werden nicht eingedeutscht, sondern so ausgesprochen wie im Englischen (Beispiel: bypass [baɪpɑs]. Aus diesem Sprachraum stammen auch viele Abkürzungen (Beispiele: DMP, COPD).

Im klinischen Sprachgebrauch geht es manchmal wild durcheinander: lateinische, griechische und englische Begriffe werden zu einem Fachbegriff kombiniert. Viele Begriffe werden dann noch bei verschiedenen Ärzten unterschiedlich geschrieben.

Beispiel: aortokoronarer Bypass (Abkürzung ACB)

aorto	koronarer	Bypass
Griech. Hauptschlagader	Lat. Kranz, Krone	Engl. Umleitung

Übersetzung: die Verengung eines Herzkranzgefäßes wird durch das Einsetzen eines neuen Gefäßes in die Aorta umgangen

Aufbau der Fachbegriffe. Medizinische Fachbegriffe können aus einer Vorsilbe, einem Wortstamm und aus einer Nachsilbe aufgebaut sein:

Vorsilbe	Wortstamm	Nachsilbe
Poly- Mehrfach	trauma Verletzung	
An- Verneinung	ämie Blut	
	Gastr- Magen	itis Entzündung
	Nephro- Nieren	pathie Erkrankung
Poly- Mehrfach	arthr- Gelenk	itis Entzündung

Die Vor- und Nachsilben wiederholen sich häufig. Zusammen mit dem Wortstamm geben sie dem Fachbegriff seine spezifische Bedeutung. Dies sollen die Beispiele der beiden folgenden Tabellen zeigen:

Vorsilbe	Bedeutung	Beispiel	Übersetzung
hyper-	über, übermäßig	Hypertonie	Bluthochdruck
hypo-	unter, unterhalb	Hypotonie	niedriger Blutdruck
ex-	heraus	Exzision	Herausschneiden (von Körpergewebe)
intra-	innen, in ... hinein	intravenös	in die Vene hinein
prä-	vor	Prävention	Vorsorge
post-	nach	postoperativ	nach der Operation
im-, in-	1. in, hinein	Implantation Injektion	Einpflanzung Einspritzung
	2. Verneinung	Inkontinenz	Unfähigkeit, Harn/Stuhl zu halten
endo-	in, innerhalb	Endoskopie	Spiegelung von inneren Organen
a-, an-	Verneinung	Anästhesie	Schmerzausschaltung
poly-	viel, zahlreich	Polytrauma	Mehrfachverletzung
re-	zurück, wieder	Rehabilitation	Wiederherstellung
pro-	für, vor	Prognose	Vorhersage
anti-	gegen	Antibiotika	gegen Bakterien wirksame Medikamente

Nachsilbe	Bedeutung	Beispiel	Übersetzung
-itis	Entzündung	Hepatitis Arthritis	Leberentzündung Gelenkentzündung
-ose	chronische, degenerative Erkrankung	Arthrose Nephrose	Gelenkverschleiß chron. Nieren-erkrankung
-algie	Schmerz	Neuralgie	Nervenschmerz
-om	Geschwulst	Myom Karzinom	Muskelgeschwulst Krebsgeschwulst
-ektomie	Herausschneiden	Appendektomie	operative Entfernung des Wurmfortsatzes
-skopie	Betrachtung	Gastroskopie	Magenspiegelung
-gramm	Geschriebenes	Elektro-kardiogramm	Aufzeichnung der Herzströme
-logie	Lehre	Gynäkologie	Frauenheilkunde
-pathie	Erkrankung	Neuropathie	Erkrankung der Nerven
-gen	verursachend, auslösend	pathogen	krankmachend
-zid	abtötend	Suizid	Selbsttötung